DIE LECKERSTEN

STREUSELKUCHEN

PATRIK JAROS

DIE LECKERSTEN

STREUSELKUCHEN

Anmerkung für den Leser:

Ein Teelöffel entspricht 5 ml, ein Esslöffel 15 ml. Soweit nicht anderes angegeben, wird Vollmilch und Mehl Type 405 verwendet. Die Eier sind von mittlerer Größe und immer aus Freilandhaltung. Für die abgeriebene Schale von Orangen und Zitronen, die häufig zum Aromatisieren verwendet wird, sollten immer unbehandelte Früchte verwendet werden. Kinder, ältere Menschen, Schwangere, Kranke oder in Rekonvaleszenz befindliche Personen sollten auf Rezepte mit rohen oder leicht gegarten Eiern verzichten. Alle Rezepte in diesem Buch wurden mit größtmöglicher Sorgfalt und Liebe gebacken, verkostet und überprüft. Einen Kuchen von 22 cm – 24 cm Durchmesser in 8 Stücke und einen von 26 cm – 28 cm in 12 Stücke teilen.

Konzeption: Patrik Jaros
Rezepte und Foodstyling: Patrik Jaros / www.food-experts-group.com
Fotografie: Patrik Jaros / www.food-experts-group.com
Assistenz Küche: Holger Maas, Eva Peter, Claudia Wörner
Design: Joachim Zeh / www.gottamakesense.com
Lektorat & Text: Kira Crome

Inhalt

HIMMLISCH KRÜMELIGE STREUSELKUCHEN

von A wie Apfel-Kirsch bis Z wie Zwetschgendatschi mit Butterstreuseln

Er ist ein Klassiker und heute noch so beliebt wie eh und je: Ein Streuselkuchen bereichert jede festliche Kaffeetafel. Sicher haben Sie auch ein Lieblingsfamilienrezept, das Ihre Großmutter schon von ihrer Großmutter bekam. Ein klassischer Streuselkuchen besteht einfach aus süßem Hefeteig mit einem krümeligen Belag aus Streuseln. Er wird traditionell als flacher Blechkuchen gebacken. Frisch aus dem Ofen, schmeckt er herrlich saftig. Je nach Saison mit frischem Obst belegt, wird er fruchtig-lecker. Wenn Sie aber dachten, Streuselkuchen ist gleich Streuselkuchen, dann lassen Sie sich von den himmlisch krümeligen Streuselkuchen-Varianten überraschen!

Wussten Sie, was das echte Geheimnis eines leckeren Streuselkuchens ist? Es sind die Streusel! Nicht zu süß und nicht zu trocken müssen sie sein, denn sie sind das i-Tüpfelchen auf einem Streuselkuchen. Allein in den Streuseln, denen der Kuchen seinen Namen verdankt, stecken unzählige Variationsideen: Wer es nussig-herb mag, experimentiert mit Nüssen. Nehmen Sie Mandeln, Haselnüsse, Pistazien oder Walnüsse. Oder mögen Sie es lieber knusprig? Probieren Sie sich durch Krokantstreusel oder Kaffeecrunch. Versuchen Sie beschwipste Varianten wie Punchstreusel mit einem Schuss Rum oder Orangenstreusel mit Cointreau. Eine besonders feine Note erhalten die Streusel mit Gewürzen wie Zimt, Nelken oder Muskatnuss. Sommerlich-frisch schmecken Streusel mit essbaren Lavendelblüten.

Streuselkuchen machen sich zu jedem Anlass gut. Vom Klassiker à la Großmutters Bester bis zu pfiffig-raffinierten Varianten – verwöhnen Sie Familie, Freunde und Sonntagsbesuch mit himmlisch krümeligen Backideen. Entdecken Sie einfache Rezeptklassiker aus böhmischer und schlesischer Tradition oder probieren Sie sich durch süße Apfel-, saftige Kirsch- oder aromatische Orangen-Varianten. Nicht immer aber kommt der Streuselkuchen als flacher Blechkuchen daher. Auch als runder Kuchen aus der Springform oder als feines Tartelette oder Muffin macht er sich gut.

Auch beim Teig tun sich viele kreative Möglichkeiten auf: Neben dem klassischen Hefeteig gelingen auch mit einfachen Mürbe- oder Rührteigen, lockerluftigen Biskuit- oder krümeligem Keksboden die schönsten Streuselkuchen-Varianten. Auch beim Belag sind keine Grenzen gesetzt – von frischen Früchten oder Marmelade über Vanillepudding bis Buttermilch- oder Ricotta-Creme. Ob rustikaler Klassiker, fruchtige Variante oder dekorativer Tortentraum – probieren Sie sich durch das ganze Kuchenalphabet und entdecken Sie Ihren persönlichen Lieblingsstreuselkuchen.

DAS KLEINE STREUSELKUCHEN-EINMALEINS …

Streuselkuchen gehören in das Repertoire eines jeden Hobbybäckers. Sie sind unkompliziert und leicht gemacht. Manche, die mit einem Hefeteig gebacken werden, erfordern allerdings etwas Geduld. Dabei ist eine gute Vorbereitung das einzige Erfolgsgeheimnis. Profis holen sich vor dem Rühren und Kneten das benötigte Zubehör aus dem Schrank und legen es bereit – von der Schüssel über das Rührgerät bis zum Teigschaber. Außerdem: Zu Beginn alle Zutaten sorgfältig abwiegen und in bereitstellen.

Wer es eilig hat und keine Ruhe aufbringt, wählt einen Rührteig. Er gelingt besonders gut, wenn die Zutaten vor der Verarbeitung Zimmertemperatur haben. Deshalb Eier, Fett und Milch vorher aus dem Kühlschrank nehmen. Das Mehl immer zuletzt unter den Teig rühren, damit er nicht zu klebrig wird.

Ein Biskuitteig braucht etwas mehr Aufmerksamkeit. Butter, Eier und Zucker werden schön schaumig aufgeschlagen. Denn je schaumiger die Grundmasse, desto lockerer und zarter wird der Kuchen. Wer einen Mürbe- oder Hefeteig backen möchte, muss Kühl- und Ruhezeiten einplanen. Beim Mürbeteig sollten alle Zutaten schnell miteinander verknetet werden, damit der Teig nicht zäh wird. Damit sich alles gut verbindet und der Teig leichter auszurollen ist, sollte er mindestens eine halbe Stunde in Frischhaltefolie gewickelt im Kühlschrank ruhen. Bei einem Hefeteig sind Zeit und Wärme die wichtigsten Zutaten. Und natürlich Hefe. Damit der Kuchen aufgeht, wird meist erst ein Vorteig und dann der Hauptteig angerührt.

Das wirkliche Geheimnis aber liegt in den Streuseln. Grundzutaten sind **Butter, Mehl und Zucker (1)**. Es gibt auch Vollkorn- oder fettfreie Varianten. Streusel lassen sich mit verschiedenen Nüssen (Mandeln, **Haselnüssen (2)**, Pistazien oder Walnüssen), **Kakao- (3)** oder Kaffeepulver, Gewürzen (Zimt, **Lavendel (4)** oder Muskat), Aromen oder auch Likör verfeinern.

Die Herstellung der Streusel gelingt im Handumdrehen: Sie lassen sich am einfachsten mit den Händen zubereiten. Dafür alle Zutaten miteinander in einer großen Schüssel vermengen, mit den Händen gut durchkneten und zu krümeligen Streuseln von gewünschter Größe verarbeiten. Damit sie gelingen und schön mürbe werden, sollte die Butter immer Zimmertemperatur haben und weich sein. Bei etwas schwereren Teigen ist es ratsam, die Butter vorher zu zerlassen – dann binden alle Zutaten besonders gut.

Und wenn es mal schnell gehen muss, dann kann man auch Löffelbiskuits, Zwieback, Mürbekekse oder fertige Baisers für feine Streusel verwenden. Einfach zerbröseln und den Kuchen damit bestreuen.

1

2

3

1

2

3

4

KLEINE TIPPS FÜR GUTES GELINGEN...

Für die meisten Streuselkuchen braucht man ein großes Backblech. Für solche mit Füllungen oder Fruchtbelag sollte man eins mit **erhöhtem Rand (1)** nehmen – etwa einfache **Obstkuchenbleche (2)** oder das tiefe Blech aus dem Backofen. Doch auch **Springformen (3)** und **Tarteformen (4)** können zum Einsatz kommen. Formen aus Schwarzblech geben die Hitze gut an den Inhalt ab und lassen den Kuchen schön goldbraun werden. Bleche und Formen am besten mit etwas Butter einfetten und mit Mehl bestäuben.

Und zum Schluss: Gegen Ende der Backzeit eine **Garprobe (5)** machen, denn jeder Ofen backt anders. Dafür mit einem Holzstäbchen in den Kuchen stechen; haftet noch etwas Teig daran, den Kuchen noch kurze Zeit weiterbacken.

5

Vollkorn-Sauerkirschkuchen mit Mokkastreuseln

GESUNDER KAFFEE

Zutaten für 1 Backblech (30 cm x 40 cm)

Für den Teig:

- 200 g Mehl
- 75 g Dinkelvollkornmehl
- 1 TL Backpulver
- 150 g Zucker
- 1 Prise Salz
- 75 g Butter
- 200 ml Milch
- 1 Ei
- 60 g gemahlene Mandeln
- 450 g Sauerkirschen, aus dem Glas, abgetropft
- 1 EL Öl
- 3 EL Haferflocken

Für die Streusel:

- 200 g Instantmehl
- 80 g Zucker
- 1 EL Instant-Kaffeepulver
- 140 g Butter

Puderzucker, zum Bestäuben

1. Den Backofen auf 180 °C vorheizen.

2. Für den Teig die Mehlsorten mit Backpulver, Zucker und Salz vermischen. Die Butter in einem kleinen Topf zerlassen und mit Milch und Ei verrühren. Alles zu der Mehlmischung geben und mit einem Handrührgerät auf höchster Stufe zügig verrühren. Zuletzt Mandeln und abgetropfte Sauerkirschen unterheben.

3. Für die Streusel Mehl, Zucker und Instant-Kaffeepulver vermischen. Die Butter hinzugeben und alles mit den Händen zu kleinen Streuseln verkneten.

4. Die Backform mit dem Öl einpinseln und den Rand mit den Haferflocken bestreuen. Anschließend den Teig in die vorbereitete Form füllen, glatt streichen und die Streusel darauf verteilen.

5. Den Kuchen im Backofen etwa 35 Minuten backen, auskühlen lassen und vor dem Servieren mit Puderzucker bestäuben.

Zubereitungszeit: 40 Minuten / Backzeit: 35 Minuten

Apfel-Kirschstreuselkuchen

KLASSISCH & LECKER

Zutaten für 1 Springform (26 cm Ø)

Für den Teig:
220 g Mehl
100 g Speisestärke
3 TL Backpulver
160 g Zucker
1 TL Vanillezucker
1 Prise Salz
100 g weiche Butter, plus etwas mehr zum Einfetten
2 Eier

Für den Belag:
700 g Äpfel (z.B. Cox Orange oder Boskop)
350 g Kirschen

Puderzucker, zum Bestäuben

1. Den Backofen auf 175 °C vorheizen.

2. Für den Teig Mehl, Speisestärke und Backpulver vermischen. Zucker, Vanillezucker, Salz, Butter und Eier hinzufügen. Die Zutaten mit den Händen zu einem streuseligen Teig verkneten. Die Hälfte der Teigmasse in die mit Butter eingefettete Form füllen und fest drücken.

3. Für den Belag die Äpfel schälen, vom Kerngehäuse befreien, in schmale Spalten schneiden und die Kirschen entsteinen. Die Früchte auf dem Teig verteilen. Den restlichen Teig als krümelige Streusel locker über den Früchten verteilen.

4. Den Kuchen im Backofen etwa 50 Minuten backen, auskühlen lassen, aus der Form lösen und vor dem Servieren mit etwas Puderzucker bestäuben.

Zubereitungszeit: 40 Minuten / Backzeit: 50 Minuten

Buttermilch-Streuselkuchen mit Brombeeren

CREMIG & FRUCHTIG

Zutaten für 1 Springform (26 cm Ø)

Für den Boden und die Streusel:
100 g Löffelbiskuits
80 g Butter, plus etwas mehr zum Einfetten
15 g Kakaopulver
40 g brauner Zucker

Für die Füllung:
130 g Mehl
2 TL Backpulver
80 g Hartweizengrieß
100 g Butter
120 g Zucker
1 TL Vanillezucker
2 Eier
200 ml Buttermilch

Für den Belag:
400 g Brombeeren

1. Für den Streuselboden die Löffelbiskuits in einen Gefrierbeutel geben, fest verschließen und mit Hilfe einer Teigrolle fein zerbröseln. Die Butter in einem Topf zerlassen. In einer Schüssel die Biskuitbrösel mit zerlassener Butter, Kakaopulver und Zucker vermengen. Alles zu Streuseln verkneten. Die fertigen Streusel etwa 15 Minuten im Kühlschrank kalt stellen.

2. Den Backofen auf 180 °C vorheizen.

3. Die Hälfte der Streuselmasse in eine mit Butter eingefettete Springform füllen und am Boden fest drücken. Die übrigen Streusel wieder in den Kühlschrank stellen.

4. Für die Füllung Mehl, Backpulver und Grieß vermischen. Die Butter mit Zucker, Vanillezucker und Eiern cremig rühren. Die Mehlmischung hinzufügen und mit der Buttermilch zu einem glatten Teig verrühren. Den Teig auf dem Streuselboden verteilen und glatt streichen.

5. Für den Belag die Brombeeren verlesen, waschen und abtropfen lassen. Den Teig mit den Früchten belegen und mit den restlichen kühl gestellten Streuseln bestreuen.

6. Den Kuchen im Backofen 25–30 Minuten backen, auskühlen lassen und auf einer Platte anrichten.

Zubereitungszeit: 35 Minuten / Kühlzeit: 15 Minuten / Backzeit: 30 Minuten

Pfirsichkuchen mit Pistazienstreuseln

Zutaten für 1 Backblech mit hohem Rand (30 cm x 40 cm)

Für den Teig:
150 g Mehl
75 g Speisestärke
2 TL Backpulver
150 g weiche Butter, plus etwas zum Einfetten
125 g Zucker
1 TL Vanillezucker
4 Eier

Für den Belag:
700 g weiße Pfirsiche

Für die Streusel:
50 g Mehl
60 g gemahlene Pistazienkerne
90 g Zucker
75 g Butter

1. Für den Teig Mehl, Speisestärke und Backpulver vermischen. Die Butter in einer Schüssel mit einem Handrührgerät cremig rühren. Nach und nach Zucker, Vanillezucker und Eier unterrühren. Die Mehlmischung in zwei Portionen zügig unterrühren. Den Teig in ein mit Butter eingefettetes Backblech füllen und glatt streichen.

2. Den Backofen auf 180 °C vorheizen.

3. Die Pfirsiche waschen, entsteinen, vierteln, in schmale Spalten schneiden und auf dem Teig verteilen.

4. Für die Streusel Mehl, gemahlene Pistazienkerne, Zucker und Butter vermischen und zu Streuseln verkneten. Die Streusel über den Pfirsichen verteilen.

5. Den Kuchen im Backofen etwa 30 Minuten backen, auskühlen lassen und vor Servieren in Stücke schneiden.

Zubereitungszeit: 45 Minuten / Backzeit: 30 Minuten

Rhabarberschnitten unter Mandelstreuseln

FÜR FEIN-SCHMECKER

Zutaten für 1 Backblech (30 cm x 40 cm)

Für den Teig:
400 g Mehl, plus etwas mehr zum Bestäuben
2 TL Backpulver
250 g Butter, plus etwas mehr zum Einfetten
125 g Zucker
4 Eier
1 Prise Salz
100 ml Milch

Für den Belag:
1 kg Rhabarber
50 g Zucker
2 TL Vanillezucker

Für die Streusel:
100 g Mehl
100 g gemahlene Mandeln
80 g Zucker
100 g Butter

Puderzucker, zum Bestäuben

1. Für den Teig Mehl und Backpulver vermischen. Die Butter schaumig rühren, dabei nach und nach Zucker, Eier und Salz unterrühren. Die Milch nach und nach einrühren, bis ein glatter Teig entsteht. Den Teig auf einem mit Butter eingefetteten und mit Mehl bestäubten Backblech verteilen und mit einem Palettenmesser glatt streichen.

2. Für den Belag die Rhabarberstangen von Stielenden und Blattansätzen befreien, die Haut von den unteren Enden abziehen, waschen, trocken tupfen und in etwa 2 cm große Stücke schneiden. Den Rhabarber mit Zucker und Vanillezucker vermischen.

3. Für die Streusel das Mehl mit Mandeln und Zucker mischen. Die Butter in kleine Stücke schneiden und alles mit den Händen zu Streuseln verkneten.

4. Den Rhabarber auf dem Teig verteilen und mit den Streuseln bestreuen. Im vorgeheizten Backofen bei 180 °C etwa 45 Minuten backen. Aus dem Backofen nehmen, auskühlen lassen. Vor dem Servieren in Stücke schneiden und mit Puderzucker bestäuben.

Zubereitungszeit: 45 Minuten / Backzeit: 45 Minuten

Kirschstreusel-Tartelettes

RAFFINIERT

Zutaten für 6 Tartelettförmchen (10 cm Ø)

Für den Teig:
150 g Mehl
1 TL Backpulver
100 g Butter, plus etwas mehr zum Einfetten
100 g Zucker
1 TL Vanillezucker
1 Prise Salz
1 Ei

Für den Belag:
1 kg Sauerkirschen, aus dem Glas
120 g Zucker
20 g Speisestärke

Für die Streusel:
150 g Mehl
100 g Zucker
1 TL Vanillezucker
100 g weiche Butter

Puderzucker, zum Bestäuben

1. Für den Teig Mehl, Backpulver, Butter, Zucker, Vanillezucker, Salz und Ei vermischen und in einer Küchenmaschine mit Knethaken zu einem Teig verrühren. Den Teig zu einer Kugel formen und in Frischhaltefolie gewickelt etwa 30 Minuten im Kühlschrank kalt stellen.

2. Den Backofen auf 180 °C vorheizen.

3. Den Teig in sechs gleich große Portionen aufteilen und in die mit Butter eingefetteten Förmchen füllen. Ränder formen und die Böden mehrmals mit einer Gabel einstechen.

4. Die Tartelettes im Backofen 15 Minuten vorbacken und anschließend etwas abkühlen lassen.

5. Für den Belag die Sauerkirschen abtropfen lassen und den Saft auffangen. Den Kirschsaft mit dem Zucker in einem Topf kurz aufkochen lassen. Die Speisestärke mit etwas Wasser anrühren, in den Saft gießen und einmal unter ständigem Rühren aufkochen lassen. Die abgetropften Sauerkirschen unterrühren und etwas abkühlen lassen.

6. Für den Streuselteig das Mehl in eine Schüssel geben und mit den übrigen Zutaten mit den Händen zu Streuseln verkneten.

7. Die Sauerkirschmasse in die Tartelettes füllen und mit den Streuseln bestreuen. Die Tartelettes im Backofen 20 Minuten fertig backen. Abkühlen lassen, mit einem spitzen Messer aus den Formen lösen und vor dem Servieren mit Puderzucker bestäuben.

Zubereitungszeit: 25 Minuten / Kühlzeit: 30 Minuten / Backzeit: 35 Minuten

Aprikosenkuchen mit Butterstreuseln

KNACKIG & KNUSPRIG

Zutaten für 1 Backblech (30 cm x 40 cm)

Für den Teig:
250 g Instantmehl
1 TL Backpulver
150 g Butter, plus etwas mehr zum Einfetten
140 g Zucker
80 ml Milch

Für den Belag:
1 kg Aprikosen

Für die Streusel:
250 g Mehl
80 g Zucker
1 TL Vanillezucker
125 g Butter

Puderzucker, zum Bestäuben

1. Für den Teig Mehl und Backpulver vermischen. Die Butter mit dem Zucker in einer Küchenmaschine schaumig rühren. Die Mehlmischung hinzufügen, die Milch zugießen und alles zu einem glatten Teig verrühren. Den Teig in ein mit Butter eingefettetes Backblech füllen und glatt streichen.

2. Den Backofen auf 170 °C vorheizen .

3. Die Aprikosen waschen, halbieren und entsteinen. Den Teig mit den Aprikosenhälften gleichmäßig belegen.

4. Für die Streusel Mehl, Zucker und Vanillezucker vermischen. Die Butter in einem Topf zerlassen, zur Mehlmischung geben und alles zügig mit den Händen zu krümeligen Streuseln verkneten. Die Streusel über den Früchten verteilen.

5. Den Kuchen im Backofen etwa 40 Minuten backen, auskühlen lassen, in Stücke schneiden und vor dem Servieren mit Puderzucker bestäuben.

Zubereitungszeit: 45 Minuten / Backzeit: 40 Minuten

Streuselkuchen mit Roten und Schwarzen Johannisbeeren

SOMMER PUR

Zutaten für 1 Springform (28 cm Ø)

Für den Boden und die Streusel:
400 g Mehl
150 g Zucker
3 EL Vanillezucker
1 Prise Salz
200 g Butter, plus etwas mehr zum Einfetten
1 Ei

Für den Belag:
800–900 g Schwarze und Rote Johannisbeeren
100 g Hagelzucker
Puderzucker, zum Bestäuben

1. Für den Teig Mehl, Zucker, Vanillezucker und Salz vermischen. Die Butter in einem kleinen Topf zerlassen, mit dem Ei zur Mehlmischung geben und verrühren. Alles mit den Händen zu Streuseln verkneten. Zwei Drittel der Streusel in die mit Butter eingefettete Form füllen und am Boden fest drücken.
2. Den Backofen auf 180 °C vorheizen.
3. Die Johannisbeeren waschen, von den Rispen zupfen und auf dem Teigboden verteilen. Den Hagelzucker darüberstreuen und die übrigen Streusel locker auf den Früchten verteilen.
4. Den Kuchen im Backofen etwa 55 Minuten goldgelb backen. Abkühlen lassen, aus der Form lösen und vor dem Servieren mit Puderzucker bestäuben.

Zubereitungszeit: 40 Minuten / Backzeit: 55 Minuten

Feigencrumble mit Kaffeecrunch

FRUCHTIG-HERB

Zutaten für 1 Springform (26 cm Ø)

Für den Teig:

220 g Mehl, plus etwas mehr zum Bestäuben
1 TL Backpulver
75 g Zucker
1 TL Vanillezucker
125 g Butter
1 Ei
2 EL Semmelbrösel

Für den Belag:

8 frische Feigen

Für den Kaffeecrunch:

1 Eigelb
75 g Zucker
1 EL Vanillezucker
1 TL Instant-Kaffeepulver
2 EL Milch
120 g Mehl

1. Für den Teig Mehl, Backpulver, Zucker und Vanillezucker vermischen. Die Butter in kleine Stücke schneiden, mit der Mehlmischung vermengen und das Ei hinzufügen. Alles mit den Händen zügig zu einem glatten Teig verkneten, in Frischhaltefolie wickeln und mindestens 30 Minuten im Kühlschrank kalt stellen.

2. Den Teig auf einer bemehlten Arbeitsfläche etwas größer als die Form ausrollen, in die Form legen und einen Rand formen. Den Boden mehrmals mit einer Gabel einstechen und mit den Semmelbröseln bestreuen.

3. Den Backofen auf 170 °C vorheizen.

4. Für den Belag die Feigen waschen, die Stiele abschneiden, in 1 cm dicke Scheiben schneiden und den Teigboden damit belegen.

5. Für die Kaffeecrunch-Streusel das Eigelb mit dem Zucker verrühren. Das Instant-Kaffeepulver in der Milch anrühren und hinzufügen. Das Mehl zu der Mischung hinzugeben und alles mit den Händen zu Streuseln verkneten. Anschließend die Feigen mit Streuseln bestreuen.

6. Den Kuchen im Backofen etwa 35 Minuten hellbraun backen. Abkühlen lassen, aus der Form lösen und vor dem Servieren vollständig auskühlen lassen.

Zubereitungszeit: 30 Minuten / Kühlzeit: 30 Minuten / Backzeit: 35 Minuten

Umgekehrter Beerenstreuselkuchen

Zutaten für 8 kleine Tortenringe (10 cm Ø)

Für den Streuselboden:
250 g Mehl
1 TL Backpulver
125 g Puderzucker
1/2 TL Zimt
125 g weiche Butter
1 Ei

Für den Belag:
750 g gemischte Beeren, wie z.B. Himbeeren, Heidelbeeren, Rote Johannisbeeren
200 g Sahne
1 Päckchen Sahnesteif
2 EL Vanillezucker

Ein Zweig frische Minze zum Dekorieren
2 EL geröstete Mandelblättchen

1. Den Backofen auf 180 °C vorheizen.
2. Für den Teig in einer Schüssel Mehl, Backpulver, Puderzucker, Zimt, weiche Butter und Ei mit den Händen zu kleinen Streuseln verkneten.
3. Die Tortenringe auf ein mit Backpapier ausgelegtes Backblech stellen. Die Formen mit den Streuseln locker befüllen.
4. Die Törtchen etwa 15 Minuten backen. Abkühlen lassen, die Ringe abnehmen und vollständig auskühlen lassen.
5. In der Zwischenzeit für den Belag die Beeren waschen, verlesen und von den Rispen zupfen. Die Sahne mit Sahnesteif und Vanillezucker steif schlagen. Die steife Sahne mit einem Esslöffel auf die Streuselböden geben und die Beeren darüber verteilen.
6. Zum Schluss die Minzblätter von den Stielen abzupfen und zusammen mit den Mandelblättchen die Streuselkuchen dekorieren.

TIPP:
Im Sommer sind frische Erdbeeren eine herrliche Alternative. Im Winter bieten sich Mandarinenspalten oder Orangenfilets an.

Zubereitungszeit: 40 Minuten / Backzeit: 15 Minuten

Zwetschgendatschi mit Butterstreuseln

WIE BEI GROSSMUTTER

Zutaten für 1 Backblech (30 cm x 40 cm)

Für den Teig:
110 g Butter
110 g Zucker
40 g Marzipanrohmasse, klein geschnitten
3 Eier
2 TL Vanillezucker
1 Prise Salz
abgeriebene Schale von 1/2 Zitrone
300 g Mehl
2 TL Backpulver
75 g gehackte Mandeln
4 EL Milch

Für die Streusel:
150 g Butter
80 g Zucker
2 TL Vanillezucker
abgeriebene Schale von 1/2 Zitrone
1 Prise Zimt
300 g Mehl

Für den Belag:
750–1000 g Zwetschgen

Puderzucker, zum Bestäuben

1. Für den Teig die Butter cremig rühren, dann Zucker, Marzipanstückchen und Eier unterrühren. Wenn die Masse locker und schaumig ist, Vanillezucker, Salz und Zitronenschale einrühren. Das Mehl mit Backpulver und Mandeln mischen. Die Mehlmischung unterrühren und nur so viel von der Milch hinzufügen, dass der Teig weich, aber nicht dickflüssig wird.

2. Für die Streusel die Butter in einem Topf zerlassen und mit Zucker, Vanillezucker, Zitronenschale und Zimt verrühren. Das Mehl hinzufügen und alles zu krümeligen Streuseln verarbeiten.

3. Für den Belag die Zwetschgen waschen, entsteinen und vierteln.

4. Den Teig auf einem mit Backpapier ausgelegten Backblech ausrollen, die Zwetschgen darauf verteilen und mit den Streuseln bestreuen. Im vorgeheizten Backofen bei 180 °C etwa 30–40 Minuten goldbraun backen. Nach der Hälfte der Backzeit den Kuchen mit Alufolie abdecken, damit er nicht zu braun wird. Vor dem Servieren mit Puderzucker bestäuben.

Zubereitungszeit: 30 Minuten / Backzeit: 30–40 Minuten

Joghurt-Himbeermoussetarte mit Keksstreuseln

FÜR BESONDERE ANLÄSSE

Zutaten für 1 Springform (24 cm Ø)

Für den Boden und die Streusel:
250 g Mürbeteig-Kekse oder Löffelbiskuits
100 g Butter

Für den Belag:
500 g Himbeeren
100 g Puderzucker
6 Blatt Gelatine
Saft von 1 Zitrone
300 g Sahnejoghurt
300 g Sahne

1. Für den Boden die Kekse in einen Gefrierbeutel geben, fest verschließen und mit Hilfe von einer Teigrolle grob zerdrücken. Die Butter in einem kleinen Topf zerlassen, über die Brösel gießen und mit den Händen zu einer krümeligen Masse kneten. Von der Masse 4 Esslöffel zum Bestreuen beiseitestellen. Den Rest in eine Springform füllen, fest drücken und im Kühlschrank kalt stellen.

2. Für den Belag die Himbeeren waschen. Ein Drittel davon mit 50 g Puderzucker im Mixer pürieren und durch ein feines Sieb streichen. Die übrigen Himbeeren mit dem restlichen Puderzucker bestäuben und beiseitestellen.

3. Die Gelatineblätter 10 Minuten in kaltem Wasser einweichen, ausdrücken und in einem Topf bei mittlerer Hitze unter ständigem Rühren auflösen. Die aufgelöste Gelatine mit Zitronensaft unter das Himbeerpüree rühren und den Joghurt unterrühren.

4. Die Sahne steif schlagen und vorsichtig unter die Himbeer-Joghurt-Creme heben. Auf dem Streuselboden verteilen und die Torte für 3 Stunden im Kühlschrank kalt stellen. Die Himbeeren darauf verteilen und mit Puderzucker bestäuben.

5. Vor dem Servieren den Tortenrand vorsichtig lösen und die Tarte mit den restlichen Keksstreuseln bestreuen.

Zubereitungszeit: 40 Minuten / Kühlzeit: 3 Stunden

Stachelbeer-Streuselkuchen

FRUCHTIG & FRISCH

Zutaten für 1 Springform (28 cm Ø)

Für den Boden und die Streusel:

400 g Mehl
150 g Zucker
3 EL Vanillezucker
1 Prise Salz
200 g Butter, plus etwas mehr zum Einfetten
1 Ei

Für den Belag:

800 g Stachelbeeren

Puderzucker, zum Bestäuben

1. Den Backofen auf 170 °C vorheizen.

2. Für den Boden Mehl, Zucker, Vanillezucker und Salz in einer Schüssel vermischen. Die Butter in einem kleinen Topf zerlassen und zur Mischung gießen. Das Ei hinzufügen und alles mit den Händen zu Streuseln verkneten. Zwei Drittel der Streusel in eine mit Butter eingefettete Springform füllen und andrücken. Die übrigen Streusel beiseitestellen.

3. Für den Belag die Stachelbeeren waschen und auf dem Teigboden verteilen. Die restlichen Streusel locker auf den Stachelbeeren verteilen.

4. Den Kuchen im Backofen etwa 50 Minuten goldgelb backen. Auskühlen lassen, aus der Form lösen und vor dem Servieren mit Puderzucker bestäuben.

Zubereitungszeit: 40 Minuten / Backzeit: 50 Minuten

Ricotta-Sommerobstkuchen mit Streuseln

Zutaten für 1 Backblech (30 cm x 40 cm)

Für den Teig:
250 g Weizenmehl
1 TL Backpulver
150 g Butter
75 g Zucker
75 ml Milch

Für den Belag:
500 g Pfirsiche
2 Eigelb
50 g Zucker
400 g Ricotta

Für die Streusel:
150 g Mehl
50 g gemahlene Mandeln
100 g Zucker
150 g Butter

1. Für den Teig Mehl und Backpulver vermischen. Butter und Zucker in einer Küchenmaschine schaumig rühren, die Milch unterrühren und mit der Mehlmischung zu einem Teig vermengen. Den Teig in ein mit Backpapier ausgelegtes Backblech füllen und glatt streichen.

2. Für den Belag die Pfirsiche waschen, halbieren, entsteinen und in 2 cm große Würfel schneiden. Die Eigelbe und Zucker cremig rühren und die Ricotta einarbeiten.

3. Den Backofen auf 180 °C vorheizen.

4. Für die Streusel Mehl, gemahlene Mandeln und Zucker vermischen. Die Butter in kleine Stücke schneiden, hinzufügen und alles mit den Händen zu Streuseln von beliebiger Größe verkneten.

5. Den Teigboden mit den Pfirsichen belegen. Die Ricottacreme auf den Früchten verteilen, glatt streichen und mit den Streuseln bestreuen.

6. Den Kuchen im Backofen etwa 45 Minuten goldgelb backen. Auskühlen lassen und vor dem Servieren in Stücke schneiden.

TIPP:
Wer es nussiger mag, kann den Ricotta mit 50 g gehackten Walnüssen oder Pistazien verfeinern. Übrigens gelingt der Kuchen auch mit reifen Nektarinen oder kleinen festen Erdbeeren wunderbar.

Zubereitungszeit: 40 Minuten / Backzeit: 45 Minuten

Johannisbeerstreuselkuchen

Zutaten für 1 Backblech (30 cm x 40 cm)

Für den Teig:
175 ml Milch
350 g Mehl, plus etwas mehr zum Bestäuben
21 g Hefe
1 Prise Salz
60 g Zucker
1 Ei
1 TL Vanillezucker
60 g Butter, plus etwas mehr zum Einfetten

Für den Belag:
750 g Rote Johannisbeeren

Für die Streusel:
150 g Butter
80 g Zucker
2 TL Vanillezucker
abgeriebene Schale von 1/2 Zitrone
1 Prise Zimt
300 g Mehl

Puderzucker, zum Bestäuben

1. Für den Teig die Milch erwärmen und das Mehl in eine Schüssel sieben. In die Mitte eine Mulde drücken und die Hefe hineinbröckeln. Salz und die Hälfte des Zuckers über die Hefe streuen. 50 ml der Milch zugießen und mit einem Löffel einen zähflüssigen Vorteig anrühren. Mit einem Küchentuch abdecken und an einem warmen Ort etwa 10 Minuten gehen lassen.

2. Ei, restlichen Zucker, Vanillezucker und Butter zum Vorteig hinzufügen. In einer Küchenmaschine mit dem Knethaken die restliche Milch nach und nach einarbeiten und so lange kneten, bis der Teig glatt und geschmeidig ist. Abgedeckt weitere 30 Minuten gehen lassen.

3. Für den Belag die Johannisbeeren waschen, abtropfen lassen und von den Rispen zupfen.

4. Für die Streusel die Butter in einem Topf zerlassen und mit Zucker, Vanillezucker, Zitronenschale und Zimt verrühren. Zuletzt das Mehl hinzufügen und die Masse zu krümeligen Streuseln verarbeiten.

5. Den Teig auf einer bemehlten Arbeitsfläche auf die Größe des Backblechs ausrollen. Auf das mit Butter eingefettete und mit Mehl bestäubte Blech legen und mit einem Küchentuch abgedeckt nochmals 10 Minuten gehen lassen.

6. Danach die Johannisbeeren auf dem Teig verteilen und die Streusel darüber verteilen. Im vorgeheizten Backofen bei 170 °C 30–40 Minuten goldbraun backen. Nach der Hälfte der Backzeit den Kuchen mit Alufolie abdecken, damit er nicht zu braun wird. Vor dem Servieren mit Puderzucker bestäuben.

TIPP:

Anstelle von Johannisbeeren können auch Blaubeeren oder Brombeeren verwendet werden. Die Streusel können auch durch süßen Eischnee ersetzt werden.

Zubereitungszeit: 30 Minuten / Ruhezeit: 50 Minuten / Backzeit: 35–40 Minuten

Böhmischer Quark-Mohnstreuselkuchen

Zutaten für 1 Backblech (30 cm x 40 cm)

Für den Quarkteig:
300 g Mehl, plus etwas mehr zum Bestäuben
1 Päckchen Backpulver
125 g Butter, plus etwas mehr zum Einfetten
150 g Magerquark
100 ml Milch
100 g Zucker
1 EL Vanillezucker
1 Prise Salz

Für die Füllung:
250 g gemahlener Mohn
400 ml Milch
100 g Zucker
abgeriebene Schale von 1 Zitrone
25 g Butter
1 Ei
30 g Speisestärke
100 g Marzipanrohmasse

Für die Streusel:
250 g Mehl
50 g gemahlene Mandeln
200 g Zucker
1 Prise Salz
1/2 TL Zimt
200 g weiche Butter

Puderzucker, zum Bestäuben

1. Für den Teig Mehl und Backpulver vermischen. Die Butter in einem kleinen Topf zerlassen und mit Quark, Milch, Zucker, Vanillezucker und Salz verrühren. Portionsweise das Mehl einarbeiten. Den Quarkteig auf eine bemehlte Arbeitsfläche geben, nochmals kräftig durchkneten und auf die Größe des Backblechs ausrollen. Den Teig in ein mit Butter eingefettetes Backblech legen und an den Rändern mit den Fingern etwas hochziehen.

2. Für die Füllung den gemahlenen Mohn mit 350 ml von der Milch aufkochen. Den Zucker mit Zitronenschale und Butter verrühren und bei schwacher Hitze etwa 15 Minuten langsam köcheln lassen. Gelegentlich umrühren.

3. Den Backofen auf 180 °C vorheizen.

4. Das Ei trennen. Das Eigelb mit Speisestärke und restlicher Milch verrühren. In die Mohnmasse geben und unter ständigem Rühren aufkochen lassen. Das Marzipan mit dem Eiweiß glatt rühren und mit dem Mohn vermengen. Die Mohnmischung in eine Schüssel umfüllen, mit Frischhaltefolie abdecken und abkühlen lassen.

5. Für die Streusel Mehl, Mandeln, Zucker, Salz und Zimt vermischen. Die Butter hinzufügen und die Zutaten mit den Händen zu Streuseln verkneten.

6. Die Mohnmasse auf dem Teig glatt streichen und die Streusel darüber verteilen. Den Kuchen im Backofen etwa 45 Minuten goldbraun backen. Auskühlen lassen, in Stücke schneiden und vor dem Servieren mit Puderzucker bestäuben.

Zubereitungszeit: 50 Minuten / Backzeit: 45 Minuten

Birnenstreuselkuchen mit Preiselbeermarmelade

Zutaten für 1 Springform (26 cm Ø)

Für den Boden und die Streusel:

400 g Mehl, plus etwas mehr zum Bestäuben
150 g Zucker
3 EL Vanillezucker
1 Prise Salz
200 g Butter, plus etwas mehr zum Einfetten
1 Ei

Für den Belag:

1 kg rotschalige Birnen
140 g Preiselbeermarmelade
Puderzucker, zum Bestäuben

1. Für den Teig Mehl, Zucker, Vanillezucker und Salz vermischen. Die Butter in einem kleinen Topf zerlassen, in die Mehlmischung gießen, das Ei hinzufügen und alles mit den Händen zu Streuseln verkneten. Zwei Drittel der Streusel in eine mit Butter eingefettete und mit Mehl bestäubte Springform füllen und andrücken. Die übrigen Streusel beiseitestellen.

2. Den Backofen auf 180 °C vorheizen.

3. Für den Belag die Birnen schälen, halbieren und vom Kerngehäuse befreien. Die Birnenhälften der Länge nach 1 cm tief einschneiden.

4. Den Kuchenboden mit der Preiselbeermarmelade bestreichen. Die Birnenhälften darauf verteilen und die restlichen Streusel locker darüberstreuen.

5. Den Kuchen im Backofen etwa 45 Minuten goldgelb backen. Abkühlen lassen und vor dem Servieren mit Puderzucker bestäuben.

Zubereitungszeit: 40 Minuten / Backzeit: 45 Minuten

Streuselschnitten mit Pflaumenmus

HERBSTLICH FRISCH

Zutaten für 1 Backblech (30 cm x 40 cm)

Für den Hefeteig:
- 400 g Mehl, plus etwas mehr zum Bestäuben
- 21 g Hefe
- 125 ml lauwarme Milch
- 30 g Zucker
- 70 g Butter, plus etwas mehr zum Einfetten
- 1/2 TL Salz
- 2 Eier

Für die Streusel:
- 150 g Mehl
- 80 g Zucker
- 1 TL Vanillezucker
- 120 g Butter

Für den Belag:
- 300 g Pflaumenmus
- Puderzucker, zum Bestäuben

1. Für den Hefeteig das Mehl in eine Schüssel sieben und mittig eine Mulde drücken. Die Hefe in der Milch auflösen, etwas von dem Zucker zugeben und in die Mehlmulde gießen. Den Vorteig mit einem Küchentuch abgedeckt 15 Minuten gehen lassen.

2. Die Butter in einem kleinen Topf zerlassen, mit restlichem Zucker, Salz und Eiern zum Vorteig geben und in einer Küchenmaschine mit einem Knethaken zu einem glatten Teig verarbeiten, bis er Blasen wirft und sich vom Schüsselrand löst. Mit einem Küchentuch abgedeckt 30 Minuten gehen lassen.

3. Den Teig auf einer bemehlten Arbeitsfläche in der Größe des Blechs gleichmäßig ausrollen und in das mit Butter eingefettete Backblech legen. Mit einem Küchentuch abgedeckt weitere 15 Minuten gehen lassen.

4. Den Backofen auf 180 °C vorheizen.

5. In der Zwischenzeit für die Streusel Mehl, Zucker und Vanillezucker vermischen. Die Butter hinzufügen und alles mit den Händen zügig zu kleinen Streuseln verkneten.

6. Für den Belag den Pflaumenmus in kleinen Portionen auf dem Teig verteilen und mit den Streuseln bestreuen.

7. Den Kuchen im Backofen etwa 35 Minuten backen. Der Kuchen soll außen knusprig braun, aber innen schön weich sein.

8. Vor dem Servieren in Stücke schneiden und mit Puderzucker bestäuben.

Zubereitungszeit: 35 Minuten / Ruhezeit: 1 Stunde / Backzeit: 35 Minuten

Apfelstreusel mit Holundergelee

Zutaten für 1 Springform (28 cm Ø)

Für den Teig:

250 g Mehl
30 g Zucker
100 g Butter, plus etwas mehr zum Einfetten
1 Ei

Für die Streusel:

120 g Zwieback
70 g brauner Zucker
1 Msp. gemahlene Muskatnuss
1 Msp. gemahlene Nelken
120 g kalte Butter

Für den Belag:

1 kg säuerliche Äpfel, Sorte Boskop
Saft von 1/2 Zitrone
150 g Holundergelee
40 g Zucker
30 g Weichweizengrieß

1. Für den Teig Mehl mit Zucker vermischen. Die Butter klein schneiden und zusammen mit dem Ei unter die Mehlmischung mengen. Alles in einer Küchenmaschine mit einem Knethaken zu einem glatten Teig rühren. In Frischhaltefolie wickeln und 30 Minuten im Kühlschrank kalt stellen.

2. Den Backofen auf 180 °C vorheizen.

3. Für die Streusel den Zwieback zerkleinern und in einer Küchenmaschine fein mahlen. Den Zucker mit den Gewürzen vermischen und zu den Zwiebackstreuseln geben. Die Butter in Stücke schneiden, zu der Zwiebackmischung geben und alles mit den Händen zu Streuseln von beliebiger Größe verkneten. Die Streusel bis zur weiteren Verwendung abgedeckt im Kühlschrank kalt stellen.

4. Den Teig auf einer bemehlten Arbeitsfläche etwas größer als die Form ausrollen und in die mit Butter eingefettete Form legen. Einen etwa 4 cm hohen Rand formen und den Teigboden mehrmals mit einer Gabel einstechen.

5. Den Boden im Backofen etwa 15 Minuten vorbacken. Den Ofen nicht ausschalten, aber auf 160 °C herunterregeln.

6. In der Zwischenzeit für den Belag die Äpfel schälen, vierteln, entkernen und in Spalten schneiden. Die Apfelspalten mit dem Zitronensaft beträufeln und vermischen.

7. Das Gelee in einem kleinen Topf erwärmen, Zucker und Apfelspalten zugeben und vermengen.

8. Den vorgebackenen Boden mit dem Grieß bestreuen. Die Apfel-Gelee-Mischung darauf verteilen und mit dem Streuseln bestreuen.

9. Den Kuchen im Backofen etwa 40 Minuten backen. Auskühlen lassen und vor dem Servieren in Stücke schneiden.

Zubereitungszeit: 35 Minuten / Kühlzeit: 30 Minuten / Backzeit: 55 Minuten

Brombeer-Krokant-Tarte

Zutaten für 1 Springform (26 cm Ø)

Für den Teig:
100 g Butter, plus etwas mehr zum Einfetten
80 g Zucker
1 TL Vanillezucker
3 Eier
180 g Mehl, plus etwas mehr zum Bestäuben
1 TL Backpulver

Für den Belag:
200 ml frisch gepresster Orangensaft
1 Päckchen Vanille-Puddingpulver
300 ml Milch
80 g Zucker
350 g Brombeeren

Für die Krokant-Streusel:
50 g Mandelstifte
70 g Zucker

Puderzucker, zum Bestäuben

1. Für den Teig Butter, Zucker und Vanillezucker mischen und mit einem Handrührgerät schaumig schlagen. Nach und nach erst die Eier und dann Mehl und Backpulver unterrühren. Den Teig in eine mit Butter eingefettete und mit Mehl bestäubte Springform füllen und glatt streichen.

2. Für den Belag den Orangensaft in einem kleinen Topf zum Kochen bringen. Das Puddingpulver mit Milch und Zucker glatt rühren, in den Orangensaft geben und alles unter Rühren einmal aufkochen lassen. Von der Kochstelle nehmen und die Puddingmasse etwas abkühlen lassen.

3. Den Backofen auf 160 °C vorheizen.

4. Die Brombeeren verlesen, waschen und auf Küchenpapier gut abtropfen lassen.

5. Die abgekühlte Puddingmasse auf dem Teig verstreichen und mit den Brombeeren belegen.

6. Für die Krokant-Streusel die Mandelstifte in einer Pfanne ohne Fett unter ständigem Rühren goldgelb rösten. Den Zucker hinzufügen und hell karamellisieren lassen. Die Mandel-Zucker-Masse auf den Brombeeren verteilen.

7. Den Kuchen im Backofen etwa 40 Minuten backen. Auskühlen lassen, aus der Form lösen und vor dem Servieren mit Puderzucker bestäuben.

Zubereitungszeit: 45 Minuten / Backzeit: 40 Minuten

Streuselkuchen mit Vanillecreme

FÜR JEDEN TAG

Zutaten für 1 Backblech (30 cm x 40 cm)

Für den Teig:
250 g Mehl, plus etwas mehr zum Bestäuben
21 g frische Hefe
40 g Zucker
125 ml lauwarme Milch
2 Eigelb
1 Prise Salz
50 g Butter

Für den Belag:
1 Päckchen Vanille-Puddingpulver
300 ml Milch
200 g Sahne
50 g Zucker
2 TL Vanillezucker
500 g Zwetschgen

Für die Streusel:
100 g Mehl
30 g gemahlene Mandeln
100 g Zucker
75 g Butter

Puderzucker, zum Bestäuben

1. Für den Teig das Mehl in eine Schüssel sieben, eine Mulde hineindrücken, die Hefe hineinbröckeln und mit der Milch und etwas Zucker zu einem Vorteig anrühren. Mit einem Küchentuch abgedeckt 15 Minuten gehen lassen. Anschließend alle restlichen Zutaten hinzugeben und in einer Küchenmaschine mit Knethaken zu einem glatten Teig verarbeiten, bis er Blasen wirft und sich vom Schüsselrand löst. Abgedeckt weitere 30 Minuten gehen lassen.

2. In der Zwischenzeit für den Belag Puddingpulver mit 3 Esslöffeln Milch glatt rühren. Die restliche Milch mit Sahne, Zucker und Vanillezucker in einem kleinen Topf aufkochen. Das angerührte Puddingpulver hinzugießen und alles noch einmal aufkochen. Die Puddingmasse von der Kochstelle nehmen und unter Rühren etwas abkühlen lassen.

3. Die Zwetschgen waschen, halbieren und entsteinen.

4. Den Teig auf der bemehlten Arbeitsfläche in der Größe des Blechs ausrollen, auf das mit Backpapier ausgelegte Blech legen und nochmals 15 Minuten gehen lassen.

5. Den Backofen auf 170 °C vorheizen.

6. Für die Streusel das Mehl mit Mandeln, Zucker und Butter vermengen und mit den Händen zu Streuseln verkneten.

7. Den Teig mit den Zwetschgenhälften belegen. Die Vanillecreme darauf verteilen und die Streusel darüberstreuen. Den Kuchen im Backofen etwa 25 Minuten goldbraun backen. Auskühlen lassen, in Stücke schneiden und mit Puderzucker bestäuben.

Zubereitungszeit: 45 Minuten / Ruhezeit: 1 Stunde / Backzeit: 25 Minuten

Hefe-Nuss-Schnecken mit Vanillestreuseln

AUCH ZUM MITNEHMEN

Zutaten für 10–12 Schnecken

Für den Teig:

400 g Mehl, plus etwas mehr zum Bestäuben
21 g frische Hefe
150 ml Milch
80 g Zucker
1 Ei
1 Prise Salz
60 g Butter

Für die Füllung:

300 g gemahlene Haselnüsse
100 g Zucker
2 TL Vanillezucker
2 Eier

Für die Vanillestreusel:

150 g Mehl
80 g Zucker
1 EL Vanillezucker
100 g weiche Butter

Puderzucker, zum Bestäuben

1. Für den Teig das Mehl in eine Schüssel sieben, eine Mulde hineindrücken, die Hefe hineinbröckeln und mit Milch und etwas Zucker einen Vorteig anrühren. Mit einem Küchentuch abgedeckt 15 Minuten gehen lassen. Dann alle übrigen Zutaten hinzugeben und den Teig in einer Küchenmaschine mit Knethaken so lange verarbeiten, bis er Blasen wirft und sich vom Schüsselrand löst. Wieder abdecken und weitere 30 Minuten gehen lassen.

2. Für die Füllung Nüsse, Zucker und Vanillezucker vermischen. Die Eier hinzufügen und unterrühren.

3. Den Teig auf einer bemehlten Arbeitsfläche mit den Händen nochmals durchkneten und zu einem etwa 1 cm dicken Rechteck ausrollen. Die Nussfüllung auf dem Teig verstreichen. Den Teig von der langen Unterkante her aufrollen und die Rolle in 2 cm dicke Scheiben schneiden. Die Schnecken auf ein mit Backpapier ausgelegtes Backblech legen und nochmals 15 Minuten gehen lassen.

4. Den Backofen auf 180 °C vorheizen.

5. In der Zwischenzeit für die Streusel Mehl, Zucker und Vanillezucker vermischen, die weiche Butter hinzufügen und alles mit den Händen zu Streuseln verkneten. Die Streusel gleichmäßig auf den aufgegangenen Schnecken verteilen.

6. Die Schnecken im Backofen etwa 20 Minuten backen. Auskühlen lassen und vor dem Servieren mit Puderzucker bestäuben.

Zubereitungszeit: 35 Minuten / Ruhezeit: 1 Stunde / Backzeit: 20 Minuten

Preußischer Schwarz-Weiß-Blechkuchen mit Streuseln

Zutaten für 1 Backblech (30 cm x 40 cm)

Für den Teig:
250 g Butter, plus etwas mehr zum Einfetten
200 g Zucker
4 Eier
200 g Mehl
40 g Kakaopulver
3 TL Backpulver

Für die Streusel:
110 g Mehl
40 g Zucker
50 g Butter

Für die Creme:
350 ml Milch
1 Päckchen Vanille-Puddingpulver
1 TL Vanillezucker

1. Für den Teig Butter und Zucker schaumig rühren. Die Eier nach und nach einzeln unterrühren. Das Mehl mit Kakao und Backpulver mischen, über die Buttermischung sieben und unterrühren.

2. Für die Streusel das Mehl mit dem Zucker mischen. Die Butter in kleine Stückchen schneiden, hinzufügen und alles mit den Händen zu kleinen Streuseln verarbeiten.

3. Für die Creme die Milch aufkochen. Das Puddingpulver mit Vanillezucker und 4 Esslöffeln Milch anrühren, in die Milch gießen, unter Rühren einmal aufkochen und abkühlen lassen.

4. Den Teig auf ein mit Butter eingefettetes Backblech streichen. Die Puddingcreme mit einem Teelöffel in kleinen Portionen auf dem Kuchenteig verteilen. Mit dem Stiel eines Kochlöffels Creme und Teig zu einem schwarz-weißen Muster ineinanderziehen. Den Kuchen mit den Streuseln bestreuen und im vorgeheizten Backofen bei 170 °C etwa 30 Minuten backen.

Zubereitungszeit: 45 Minuten / Backzeit: 30 Minuten

Gefüllte Streuselblätter mit Vanillesahne

LEICHT & LUFTIG

Zutaten für 3 Tortenringe (22 cm Ø)

Für den Teig:
- 175 g Mehl, plus etwas mehr zum Bestäuben
- 1/2 TL Backpulver
- 20 g Zucker
- 1 TL Vanillezucker
- 150 g Butter
- 100 g Sauerrahm

Für die Streusel:
- 100 g Mehl
- 50 g Zucker
- 1 Msp. Zimt
- 70 g weiche Butter

Für die Füllung:
- 500 g Sahne
- 30 g Puderzucker
- 1 TL Vanillezucker
- 300 g Pflaumenmus

Puderzucker, zum Bestäuben

1. Für den Teig das Mehl mit Backpulver, Zucker und Vanillezucker vermischen. Butter und Sauerrahm hinzufügen und alles mit einem Handrührgerät zu einem glatten Teig verarbeiten. In Frischhaltefolie wickeln und etwa 30 Minuten im Kühlschrank kalt stellen.

2. Den Backofen auf 180 °C vorheizen.

3. Den Teig in drei gleiche Teile aufteilen. Jedes Drittel auf einer bemehlten Arbeitsfläche in der Größe eines Tortenrings etwa 5 mm dick ausrollen. Auf ein mit Backpapier ausgelegtes Backblech legen und mit einem Tortenring umstellen. Jeden Boden mehrfach mit einer Gabel einstechen. Einen der drei Böden mit einem Messer in 8 Kuchenstücke schneiden – dann lässt sich das fertige Gebäck später leichter in die benötigten Deckelstücke brechen.

4. Die Böden im Backofen etwa 20 Minuten goldbraun backen. Die gebackenen Böden vorsichtig auf eine Arbeitsfläche umsetzen und auskühlen lassen.

5. Für die Streusel Mehl, Zucker und Zimt vermischen. Die weiche Butter hinzufügen und alles mit den Händen zu Streuseln von beliebiger Größe verkneten. Die Streusel auf den zwei nicht angeschnittenen Teigböden verteilen.

6. Für die Füllung die Sahne mit Puderzucker und Vanillezucker steif schlagen. Die beiden Streuselböden mit dem Pflaumenmus bestreichen. Die steife Sahne in einen Spritzbeutel mit großer Lochtülle füllen und kreisförmig auf das Pflaumenmus spritzen. Die beiden belegten Böden aufeinanderschichten. Den unbelegten Boden an den Schnittkanten in 8 Gebäckstücke brechen. Die Stücke auf der obersten Schicht verteilen und etwas andrücken.

7. Den Kuchen bis zum Servieren in den Kühlschrank stellen. Dann mit einem Sägemesser in acht Stücke schneiden und mit Puderzucker bestäuben.

Zubereitungszeit: 50 Minuten / Kühlzeit: 30 Minuten / Backzeit: 20 Minuten

Himbeer-Baiserstreusel

Zutaten für 1 Springform (26 cm Ø)

Für den Teig:
250 g Mehl, plus etwas mehr zum Bestäuben
2 TL Backpulver
100 g Butter, plus etwas mehr zum Einfetten
200 g Zucker
3 Eigelb
60 ml Milch

Für die Füllung:
250 g Himbeeren, Tiefkühlware
1 Päckchen Vanille-Puddingpulver
200 ml Milch
200 g Sahne
80 g Zucker
2 Eiweiß

Für die Baiserstreusel:
50 g Baiser, Fertigprodukt
50 g frische Himbeeren

1. Den Backofen auf 160 °C vorheizen.

2. Für den Boden Mehl und Backpulver vermischen. Die Butter mit dem Zucker cremig rühren, dabei das Eigelb nach und nach unterrühren und die Masse schaumig aufschlagen. Milch und Mehlmischung hinzufügen und alles zu einem glatten Teig verrühren.

3. Den Teig in eine mit Butter eingefettete und mit Mehl bestäubte Springform füllen und im Backofen etwa 35 Minuten backen.

4. Für die Füllung die Himbeeren in einer Schüssel fast vollständig auftauen lassen. Das Puddingpulver mit 3 Esslöffeln Milch verrühren. Die restliche Milch mit Sahne und der Hälfte des Zuckers aufkochen. Das angerührte Puddingpulver einrühren und alles einmal aufkochen lassen. Vom Herd nehmen und in eine Schüssel umfüllen. Mit Frischhaltefolie abdecken und im Kühlschrank kalt stellen.

5. Das Eiweiß mit dem restlichen Zucker steif schlagen und unter den abgekühlten Pudding heben. Die aufgetauten Himbeeren vorsichtig unterrühren. Die Himbeercreme in die Springform füllen und auf dem Kuchenboden glatt streichen. Den Kuchen im Kühlschrank 2 Stunden kalt stellen.

6. Das Baiser grob zu Streuseln zerdrücken und über den Kuchen streuen. Mit den frischen Himbeeren garnieren. Aus der Form lösen und auf einer Kuchenplatte servieren.

Zubereitungszeit: 50 Minuten / Backzeit: 35 Minuten / Kühlzeit: 2 Stunden

Großmutters Streuselkuchen

FÜR SCHLECKERMÄULER

Zutaten für 1 Backblech (30 cm x 40 cm)

Für den Teig:
300 ml Milch
42 g frische Hefe
150 g Butter, plus etwas mehr zum Einfetten
500 g Mehl, plus etwas mehr zum Bestäuben
100 g Zucker
1 Prise Salz
abgeriebene Schale von 1 Zitrone

Für die Streusel:
400 g Mehl
250 g Zucker
1 TL Vanillezucker
250 g weiche Butter

1. Für den Hefeteig die Milch in einem Topf erwärmen, die Hefe hineinbröckeln und in der lauwarmen Milch auflösen. Mit einem Küchentuch abgedeckt an einem warmen Ort etwa 10 Minuten gehen lassen.
2. Die Butter in einem Topf zerlassen. Das Mehl in einer Küchenmaschine mit Zucker, zerlassener Butter, Salz und Zitronenschale verrühren. Die Hefe-Milch zufügen und mit dem Knethaken zu einem glatten Teig verarbeiten. Zugedeckt an einem warmen Ort 30 Minuten gehen lassen. Nochmals durchkneten und weitere 10 Minuten zugedeckt ruhen lassen.
3. Den Teig auf einer bemehlten Arbeitsfläche ausrollen und auf ein mit Butter eingefettetes Backblech legen. Zugedeckt nochmals 20 Minuten gehen lassen.
4. In der Zwischenzeit für die Streusel das Mehl mit Zucker, Vanillezucker und Butter vermengen und mit den Händen zu einer krümeligen Masse kneten.
5. Den Hefeteig mithilfe eines Pinsels mit etwas Wasser bestreichen und die Streusel gleichmäßig auf dem Teig verteilen.
6. Im vorgeheizten Backofen bei 180 °C etwa 30 Minuten backen. Auskühlen lassen und mit einem Sägemesser in 6 cm x 8 cm große Stücke schneiden.

Zubereitungszeit: 30 Minuten / Ruhezeit: 70 Minuten / Backzeit: 30 Minuten

Blaubeermuffins mit dicken Streuseln

FRISCH AUS DEN USA

Zutaten für 6 Muffinformen

Für den Teig:
200 g Instantmehl
1 TL Backpulver
1 Prise Salz
125 g weiche Butter
90 g Zucker
2 Eier
150 g Rahmjoghurt
250 g Blaubeeren
1 TL Zimt

Für die Streusel:
150 g Mehl
100 g Zucker
1 TL Vanillezucker
100 g weiche Butter
50 g Blaubeeren, zum Dekorieren
Puderzucker, zum Bestäuben

1. Den Backofen auf 160 °C vorheizen.
2. Für den Teig Mehl, Backpulver und Salz vermischen. Butter und Zucker in einem Handrührgerät schaumig rühren, dabei die Eier nach und nach unterrühren. Mehlmischung und Joghurt portionsweise hinzufügen und alles zu einem glatten Teig verrühren. Die Blaubeeren mit dem Zimt unter den Teig heben. Den Teig in die Muffinformen füllen.
3. Für die Streusel Mehl, Zucker, Vanillezucker und Butter vermischen und alles mit den Händen zu dicken Streuseln verkneten. Die Streusel auf den Muffins verteilen.
4. Die Muffins im Backofen etwa 30 Minuten backen und danach noch 5 Minuten in den Formen ruhen lassen.
5. Die fertigen Muffins herausnehmen und auf einem Kuchengitter auskühlen lassen. Vor dem Servieren mit den Blaubeeren dekorieren und mit Puderzucker bestäuben.

Zubereitungszeit: 35 Minuten / Backzeit: 30 Minuten

Apfelkuchen mit Streuseln

Zutaten für 1 Backblech (30 cm x 40 cm)

Für den Teig:
200 g Butter
100 g Zucker
2 TL Vanillezucker
1 Prise Salz
3 Eigelb
1 Ei
350 g Mehl
2 TL Backpulver
80 ml Milch
abgeriebene Schale von 1 Zitrone

Für die Streusel:
150 g Mehl
90 g Zucker
100 g gemahlene Mandeln
150 g Butter

Für den Belag:
1,5 kg Äpfel, Boskop
Saft von 1 Zitrone

Puderzucker, zum Bestäuben

1. Für den Teig Butter, Zucker, Vanillezucker und Salz in einer Küchenmaschine schaumig rühren. Eigelb und ganzes Ei nacheinander zur Buttermischung geben und weitere 5 Minuten rühren. Das Mehl mit dem Backpulver vermischen, über die Buttermischung sieben. Milch und Zitronenschale hinzufügen und alles zu einem glatten Teig verrühren.

2. Für die Streusel das Mehl mit Zucker und gemahlenen Mandeln vermischen. Die Butter in kleine Stücke schneiden, zur Mehlmischung geben und alles mit den Händen zu Streuseln von gewünschter Größe verarbeiten.

3. Für den Belag die Äpfel schälen, vom Kerngehäuse befreien, vierteln, in Spalten schneiden und sofort mit dem Zitronensaft beträufeln. Den Teig auf ein mit Backpapier ausgelegtes Backblech streichen, mit den Apfelspalten belegen und mit den Butter-Mandel-Streuseln bestreuen.

4. Den Kuchen im vorgeheizten Backofen bei 170 °C etwa 50 Minuten goldbraun backen. Etwas abkühlen lassen, in Stücke schneiden und vor dem Servieren mit etwas Puderzucker bestreuen.

TIPP:

Mit frisch geschlagener Vanillesahne oder Vanilleeiscreme schmeckt der Kuchen besonders lecker.

Zubereitungszeit: 45 Minuten / Backzeit: 50 Minuten

Käseblechkuchen mit Butterstreuseln

Zutaten für 1 Backblech (30 cm x 40 cm)

Für den Teig:

500 g Mehl, plus etwas mehr zum Bestäuben

21 g frische Hefe

250 ml Milch

75 g Zucker

75 g weiche Butter, plus etwas mehr zum Einfetten

1 Prise Salz

Für den Belag:

2 Eier

500 g Magerquark

25 g Speisestärke

100 g Zucker

100 g Rosinen

Für die Streusel:

200 g Mehl

50 g gemahlene Mandeln

100 g Zucker

110 g weiche Butter

Puderzucker, zum Bestäuben

1. Für den Teig das Mehl in eine Schüssel sieben, eine Mulde hineindrücken, die Hefe hineinbröckeln und mit Milch, etwas Zucker und etwas Mehl zu einem Vorteig verrühren. Mit einem Küchentuch abgedeckt 15 Minuten gehen lassen. Alle restlichen Zutaten hinzufügen und den Teig mit einem Handrührgerät so lange kneten, bis er Blasen wirft und sich vom Schüsselrand löst. Den Teig nochmals abdecken und weitere 30 Minuten gehen lassen.

2. In der Zwischenzeit für den Belag die Eier trennen. Das Eigelb mit Quark, Speisestärke und der Hälfte des Zuckers verrühren. Das Eiweiß mit dem restlichen Zucker steif schlagen und mit den Rosinen unter die Quarkmasse heben.

3. Den Teig auf einer bemehlten Arbeitsfläche nochmals gut durchkneten und in der Größe des Backblechs ausrollen. Auf das mit Butter eingefettete Backblech legen und am Rand etwa 2 cm hoch andrücken. Mit einem Küchentuch abgedeckt weitere 15 Minuten gehen lassen.

4. Den Backofen auf 180 °C vorheizen.

5. Für die Streusel Mehl, Mandeln, Zucker und weiche Butter vermischen und alles mit den Händen zu Streuseln verkneten.

6. Die Quarkmasse auf dem aufgegangenen Hefeteig glatt verstreichen und mit den Streuseln bestreuen. Den Kuchen im Backofen etwa 30 Minuten backen. Den Backofen ausschalten und Kuchen noch weitere 10 Minuten bei geöffneter Backofentür stehen lassen.

7. Dann erst aus dem Ofen nehmen und auskühlen lassen. Vor dem Servieren in Stücke schneiden und mit Puderzucker bestäuben.

Zubereitungszeit: 50 Minuten / Ruhezeit: 1 Stunde / Backzeit: 30 Minuten

Schokocremekuchen mit Orangenstreuseln

FÜR SCHOKOLADEN-LIEBHABER

Zutaten für 1 Springform (28 cm Ø)

Für den Teig:
150 g Mehl, plus etwas mehr zum Bestäuben
50 g Speisestärke
2 TL Backpulver
40 g Kakaopulver
100 g Butter, plus etwas mehr zum Einfetten
100 g Zucker
1 EL Vanillezucker
1 Ei
abgeriebene Schale von 1 Zitrone
150 ml Milch

Für die Streusel:
150 g Mehl
100 g Zucker
1 EL Vanillezucker
100 g weiche Butter
abgeriebene Schale von 1 Orange
20 ml Cointreau

Puderzucker, zum Bestäuben

1. Für den Teig Mehl, Speisestärke, Backpulver und Kakao vermischen. Butter, Zucker und Vanillezucker mit einem Handrührgerät schaumig rühren. Ei und Zitronenschale hinzufügen und alles cremig rühren. Die Mehlmischung mit der Milch einarbeiten und zu einem glatten Teig verrühren.

2. Den Teig in eine mit Butter eingefettete und mit Mehl bestäubte Springform füllen und glatt streichen.

3. Den Backofen auf 170 °C vorheizen.

4. Für die Streusel Mehl, Zucker, Vanillezucker, Butter, Orangenschale und Cointreau vermischen und mit den Händen zu Streuseln verkneten. Die Streusel auf dem Teig verteilen.

5. Den Kuchen im Backofen etwa 50 Minuten backen. Auskühlen lassen, aus der Form lösen und vor dem Servieren mit Puderzucker bestäuben.

Zubereitungszeit: 40 Minuten / Backzeit: 50 Minuten

Mohnstreuselschnitten

FÜR KALTE WINTERTAGE

Zutaten für 1 Backblech (30 cm x 40 cm)

Für den Teig:
200 g Mehl
4 Eier
300 g Zucker
200 g gemahlene Mohnsaat
150 ml Öl
100 ml Milch
abgeriebene Schale von 1 Zitrone
1 TL Backpulver
1 Prise Zimt

Für die Streusel:
200 g Mehl
150 g Zucker
120 g Butter, in Stücke geschnitten

Puderzucker, zum Bestäuben

1. Für den Teig Mehl, Eier, Zucker, gemahlenen Mohn, Öl, Milch, Zitronenschale, Backpulver und Zimt in einer Küchenmaschine mit den Knethaken zu einem glatten Teig verarbeiten.
2. Für die Streusel Mehl, Zucker und Butter mit den Händen zu Streuseln verkneten.

3. Den Teig auf einem mit Backpapier ausgelegten Backblech verteilen und mit einem Palettenmesser glatt streichen. Die Streusel darüber verteilen. Im vorgeheizten Backofen bei 170 °C etwa 40 Minuten goldgelb backen. Auskühlen lassen, in Quadrate schneiden und vor dem Servieren mit Puderzucker bestäuben.

TIPP:
Wer den Kuchen noch saftiger mag, mischt 300 g halbierte und entsteinte Aprikosen oder Zwetschgen unter den Teig. Der gemahlene Mohn kann durch die gleiche Menge Mohnmasse ersetzt werden. Dann die Milch weglassen.

Zubereitungszeit: 30 Minuten / Backzeit: 40 Minuten

Schoko-Bananenschnitten mit Krokantstreuseln

HIMMLISCH GUT

Zutaten für 1 Backblech (30 cm x 40 cm)

Für den Teig:
5 Eier
170 g Puderzucker
20 g Speisestärke
125 g Mehl

Für die Füllung:
1 Päckchen Vanille-Puddingpulver
6 Blatt Gelatine
500 ml Milch
150 g weiche Butter
100 g Puderzucker
1 EL Rum
1 kg Bananen

Für die Krokantstreusel:
50 g Mehl
120 g Zucker
1 EL Vanillezucker
100 g Mandelsplitter
100 g weiche Butter

Für die Glasur:
120 g Zartbitter-Kuvertüre

1. Den Backofen auf 200 °C vorheizen.

2. Für den Biskuitteig die Eier trennen. Das Eiweiß halb steif schlagen, nach und nach den Zucker einrieseln lassen und die Speisestärke hinzufügen. Eigelb und Mehl hinzugeben und zu einem lockeren Teig verrühren.

3. Den Teig auf ein mit Backpapier ausgelegtes Backblech geben und mit einer Winkelpalette glatt streichen.

4. Den Teig im Backofen etwa 20 Minuten backen und danach auskühlen lassen. Den Ofen nicht ausschalten.

5. Für die Füllung die Gelatine in kaltem Wasser 10 Minuten einweichen lassen. Das Puddingpulver mit 3 Esslöffeln kalter Milch anrühren. Die restliche Milch aufkochen, angerührtes Puddingpulver zugießen und nochmals aufkochen lassen. Vom Herd nehmen und in eine Schüssel umfüllen. Die Gelatine ausdrücken und in einem Topf unter ständigem Rühren auflösen. Die aufgelöste Gelatine unter die Creme rühren und abkühlen lassen.

6. Die Butter und Puderzucker in einer Küchenmaschine schaumig rühren, den Rum hinzufügen und die abgekühlte Creme löffelweise unterheben.

7. Die Bananen schälen, der Länge nach halbieren und den vorgebackenen Biskuitboden damit belegen. Mit der Vanillecreme bestreichen und 1 Stunde im Kühlschrank kalt stellen.

8. In der Zwischenzeit für die Krokantstreusel das Mehl mit Zucker, Vanillezucker und Mandelsplittern vermischen. Die Butter hinzufügen und mit den Händen zu Streuseln verkneten. Die Streusel auf ein mit Backpapier ausgelegtes Blech geben und im Backofen etwa 12 Minuten goldbraun backen. Auskühlen lassen und in kleine Streusel bröseln.

9. Für die Glasur die Kuvertüre in Stücke schneiden und in einem kleinen Topf langsam schmelzen. Die Kuvertüre mit einer Gabel oder einem Backpinsel dekorativ über dem Kuchen verteilen und mit den Krokantstreuseln bestreuen. Vor dem Servieren in Stücke schneiden.

Zubereitungszeit: 50 Minuten / Kühlzeit: 1 Stunde / Backzeit: 32 Minuten

Thüringer Mohnstreuselkuchen mit Eierlikör

SAFTIG & BUTTRIG

Zutaten für 1 Backblech (30 cm x 40 cm)

Für den Teig:
200 g Mehl, plus etwas mehr zum Bestäuben
10 g Hefe
70 ml lauwarme Milch
20 g Zucker
30 g Butter, plus etwas mehr zum Einfetten
1 Prise Salz
1 Ei

Für den Belag:
250 g gemahlenen Mohn
100 ml heißes Wasser
1 Päckchen Vanille-Puddingpulver
750 ml Milch
200 g Zucker
100 ml Thüringer Eierlikör
50 g Rosinen
abgeriebene Schale von 1 Zitrone
2 Eiweiß
1 Prise Salz

Für die Streusel:
180 g Mehl
90 g Zucker
100 g weiche Butter

1. Für den Teig das Mehl in eine Schüssel sieben und in die Mitte eine Mulde drücken. Die Hefe in der lauwarmen Milch auflösen, etwas Zucker zugeben und in die Mehlmulde gießen. Mit einem Küchentuch abgedeckt 15 Minuten gehen lassen.

2. Die Butter in einem Topf zerlassen und mit dem restlichen Zucker, Salz und Ei zu dem Vorteig geben und alles mit einem Handrührgerät zu einem glatten Teig verrühren, bis er Blasen wirft und sich vom Schüsselrand löst. Abgedeckt weitere 30 Minuten gehen lassen.

3. Den Teig auf einer bemehlten Arbeitsfläche in der Größe des Blechs gleichmäßig ausrollen und auf das mit Butter eingefettete Backblech legen. Abgedeckt weitere 15 Minuten gehen lassen.

4. Den Backofen auf 160 °C vorheizen.

5. In der Zwischenzeit für den Belag den Mohn mit Wasser übergießen und gut abtropfen lassen. Das Puddingpulver mit 3 Esslöffeln Milch anrühren. Die restliche Milch mit dem Zucker zum Kochen bringen. Das angerührte Puddingpulver zugießen, einmal aufkochen lassen und von der Kochstelle nehmen. Eierlikör, Mohn, Rosinen und Zitronenschale unter den Pudding rühren und auskühlen lassen.

6. Das Eiweiß mit dem Salz steif schlagen und unter die Mohn-Eierlikörmasse heben.

7. Für die Streusel Mehl, Zucker und weiche Butter vermischen und mit den Händen zu Streuseln verkneten.

8. Die Mohn-Eierlikörmasse auf dem aufgegangenen Teig glatt verstreichen und mit den Streuseln bestreuen.

9. Den Kuchen im Backofen etwa 35 Minuten backen. Auskühlen lassen und vor dem Servieren in Stücke schneiden.

Zubereitungszeit: 40 Minuten / Ruhezeit: 1 Stunde / Backzeit: 35 Minuten

Rotweinapfelkuchen mit Punschstreuseln

FESTLICH

Zutaten für 1 Backblech (30 cm x 40 cm)

Für den Teig:
500 g Mehl
2 TL Backpulver
1 TL Kakaopulver
250 g Butter, plus etwas mehr zum Einfetten
250 g Zucker
3 Eier
1 TL Zimt
100 g Schokoladenstreusel

Für den Belag:
1 kg kleine feste Äpfel, Cox Orange
200 ml trockener Rotwein
30 g Zucker
3 Nelken

Für die Punschstreusel:
150 g Mehl
50 g gemahlene Haselnüsse
100 g Zucker
100 g weiche Butter
2 TL Lebkuchengewürz
40 ml Rum

1. Für den Teig Mehl, Backpulver und Kakao vermischen. Butter mit Zucker in einer Küchenmaschine schaumig rühren. Die Eier nach und nach einarbeiten. Mehlmischung, Zimt und Schokoladenstreusel unter den Teig mischen. Den Teig in einem mit Butter eingefetteten Backblech glatt verstreichen.

2. Den Backofen auf 180 °C vorheizen.

3. Für den Belag die Äpfel schälen, halbieren und vom Kerngehäuse befreien. Die Apfelhälften mehrmals der Länge nach 1 cm tief einschneiden. Den Rotwein mit Zucker und Nelken aufkochen. Die Apfelhälften mit der runden Seite in den Rotwein legen, 5 Minuten köcheln und dann abtropfen lassen.

4. Für die Punschstreusel Mehl, Haselnüsse, Zucker, weiche Butter, Lebkuchengewürz und Rum vermischen und mit den Händen zu Streuseln verkneten.

5. Die Äpfel mit der runden, eingeschnittenen Seite nach oben auf dem Teig verteilen und mit den Streuseln bestreuen.

6. Den Kuchen im Backofen etwa 45 Minuten backen. Nach der Hälfte der Backzeit die Temperatur auf 160 °C herunterschalten.

7. Den Kuchen auskühlen lassen und vor dem Servieren in Stücke schneiden.

TIPP:

Anstelle von Äpfeln schmecken auch Birnen oder Quitten sehr gut. Wer für Kinder backt, kann den Rum weglassen und den Rotwein durch Sauerkirschsaft ersetzen.

Zubereitungszeit: 1 Stunde / Backzeit: 45 Minuten

Birnen-Marzipantörtchen mit Vollkornstreuseln

KLEIN, ABER OHO

Zutaten für 10 Tarteletteförmchen (10 cm Ø)

Für den Teig:

300 g Mehl
2 TL Backpulver
175 g Butter, plus etwas mehr zum Einfetten
200 g Marzipan, klein geschnitten
175 g Puderzucker
1 TL Vanillezucker
3 Eier
200 g reife Birnen, rote Williams

Für die Streusel:

170 g Vollkornmehl
50 g gemahlene, ungeschälte Mandeln
100 g Zucker
1 Prise Salz
100 g weiche Butter

1. Für den Teig Mehl und Backpulver vermischen. Die Butter mit dem klein geschnittenen Marzipan in einer Küchenmaschine glatt rühren. Puder- und Vanillezucker hinzufügen, nach und nach die Eier dazugeben und alles cremig rühren. Die Mehlmischung hinzufügen und zu einem glatten Teig verrühren.

2. Die Birnen schälen, vierteln, vom Kerngehäuse befreien, in kleine Stücke schneiden und unter den Teig heben. Den Birnenteig in die mit Butter eingefetteten Förmchen füllen und glatt streichen.

3. Den Backofen auf 160 °C vorheizen.

4. Für die Streusel Mehl, Mandeln, Zucker, Salz und weiche Butter mischen und mit den Händen zu Streuseln verkneten. Alle Törtchen mit den Streuseln bestreuen.

5. Die Törtchen im Backofen etwa 25 Minuten goldbraun backen. Auskühlen lassen und vor dem Servieren aus den Formen lösen.

TIPP:

Die Törtchen mit dunkler, zerlassener Schokolade besprenkeln und mit kandierten Walnusskernen dekorieren.

Zubereitungszeit: 20 Minuten / Backzeit: 25 Minuten

Walnuss-Zimtstreuselkuchen mit Schattenmorellen

NUSSIG

Zutaten für 1 Springform (26 cm Ø)

Für den Teig:

- 200 g Mehl, plus etwas mehr zum Bestäuben
- 1/2 TL Backpulver
- 60 g Zucker
- 1 TL Vanillezucker
- 125 g Butter, plus etwas mehr zum Einfetten
- 1 Ei

Für den Belag:

- 2 EL fein zerdrückte Löffelbiskuits
- 400 g entsteinte Schattenmorellen aus dem Glas

Für die Streusel:

- 100 g gehackte Walnüsse
- 15 g Speisestärke
- 75 g Zucker
- 1 EL Vanillezucker
- 1/2 TL Zimt
- 3 EL Sahne
- 1 Eigelb

1. Für den Teig Mehl, Backpulver, Zucker und Vanillezucker vermischen. Auf eine Arbeitsfläche häufen und eine Mulde hineindrücken. Die Butter in kleine Stücke schneiden, auf dem Rand verteilen und das Ei in die Mulde geben. Alles rasch mit den Händen zu einem glatten Teig kneten. In Frischhaltefolie wickeln und 30 Minuten im Kühlschrank kalt stellen.

2. Den Teig auf einer bemehlten Arbeitsfläche etwas größer als die Form ausrollen und in die mit Butter eingefettete Form legen. Einen 5 cm hohen Rand formen. Den Boden mehrmals mit der Gabel einstechen.

3. Den Backofen auf 170 °C vorheizen.

4. Für den Belag die Schattenmorellen abtropfen lassen. Den Boden erst mit den Biskuitbröseln bestreuen und dann die Schattenmorellen darauf verteilen.

5. Für die Streusel Walnüsse, Speisestärke, Zucker, Vanillezucker und Zimt vermischen. Die Sahne mit dem Eigelb glatt rühren und hinzufügen. Alles mit den Händen zu Streuseln verkneten und gleichmäßig auf den Früchten verteilen.

6. Den Kuchen im Backofen etwa 45 Minuten hellbraun backen. Auskühlen lassen, aus der Form lösen und auf einer Kuchenplatte servieren.

Zubereitungszeit: 35 Minuten / Ruhezeit: 30 Minuten / Backzeit: 45 Minuten

Großmutters Kolatschen

FÜR ZWISCHENDURCH

Zutaten für 16 Stück

Für den Teig:
500 g Mehl, plus etwas mehr zum Bestäuben
35 g Hefe
250 ml lauwarme Milch
70 g Zucker
80 g Butter
1/2 TL Salz
abgeriebene Schale von 1 Zitrone
1 Ei

Für die Füllung:
30 g Butter
90 g Zucker
250 g Magerquark
1 Ei
30 g Speisestärke
25 g Rosinen
20 ml Rum

Für die Streusel:
150 g Mehl
100 g Zucker
1 TL Vanillezucker
100 g weiche Butter

1 Eigelb, verquirlt, zum Bestreichen
Puderzucker, zum Bestäuben

1. Für den Teig das Mehl in eine Schüssel sieben, in die Mitte eine Mulde drücken. Die Hefe in etwa 100 ml lauwarmer Milch auflösen, etwas Zucker zugeben und in die Mehlmulde gießen. Den Vorteig mit einem Küchentuch abgedeckt 15 Minuten gehen lassen.

2. Die Butter in einem Topf zerlassen. Mit restlicher Milch und restlichem Zucker, Salz, Zitronenschale und Ei zum Vorteig hinzufügen und zu einem glatten Teig verrühren. Abgedeckt weitere 45 Minuten gehen lassen, bis der Teig das doppelte Volumen erreicht hat.

3. In der Zwischenzeit für die Füllung Butter und Zucker cremig rühren. Den Quark hinzufügen und mit Ei, Speisestärke, Rosinen und Rum glatt rühren.

4. Für den Streuselteig Mehl, Zucker, Vanillezucker und Butter mischen und mit den Händen zu Streuseln verkneten. Bis zur weiteren Verwendung im Kühlschrank kalt stellen.

5. Den Backofen auf 200 °C vorheizen.

6. Den Hefeteig auf einer bemehlten Arbeitsfläche nochmals durchkneten und zu einer Rolle formen. In 16 gleichmäßig große Stücke von je 60 g schneiden. Jedes Teigstück zu einer Kugel formen und dann so in der Mitte flach drücken, dass ein dicker Rand entsteht. Jedes Stück sollte etwa 12 cm im Durchmesser groß sein.

7. Die Teigstücke auf ein mit Backpapier ausgelegtes Backblech legen. Die Ränder mit dem verquirlten Eigelb bestreichen. Die Quarkfüllung esslöffelweise in den Mulden verteilen und mit den Streuseln bestreuen.

8. Die Kolatschen im Backofen etwa 25 Minuten goldbraun backen. Abkühlen lassen und am besten noch lauwarm mit Puderzucker bestreut servieren.

TIPP:
Auch mit einer Mohnfüllung besonders lecker – oder mit Pflaumenmus.

Zubereitungszeit: 40 Minuten / Ruhezeit: 1 Stunde / Backzeit: 25 Minuten

Schokostreuselkuchen mit Birnen

MÄDCHEN-KUCHEN

Zutaten für 1 Springform (26 cm Ø)

Für den Teig:
180 g Mehl, plus etwas mehr zum Bestäuben
20 g Speisestärke
2 TL Backpulver
80 g Butter, plus etwas mehr zum Einfetten
80 g Zucker
1 Ei
abgeriebene Schale von 1 Zitrone
100 ml Milch

Für den Belag:
500 g reife Birnen
2 EL Orangenmarmelade

Für die Streusel:
150 g Mehl
25 g Kakaopulver
100 g Zucker
1 EL Vanillezucker
100 g weiche Butter

Puderzucker, zum Bestäuben

1. Für den Teig Mehl, Speisestärke und Backpulver vermischen. Die Butter und Zucker in einer Küchenmaschine schaumig rühren. Ei, Zitronenschale, Mehlmischung und Milch hinzufügen und zu einem glatten Teig verrühren. Den Teig in eine mit Butter eingefettete und mit Mehl bestäubte Springform füllen und glatt streichen.

2. Für den Belag die Birnen schälen, vierteln, von den Kerngehäusen befreien und in dicke Scheiben schneiden. Die Orangenmarmelade auf dem Teig verstreichen und mit den Birnenscheiben belegen.

3. Den Backofen auf 180 °C vorheizen.

4. Für die Streusel Mehl, Kakao, Zucker und Vanillezucker vermischen. Die Butter hinzufügen und alles mit den Händen zu Streuseln verkneten. Die Streusel gleichmäßig über den Birnenscheiben verteilen.

5. Den Kuchen im Backofen etwa 45 Minuten backen. Abkühlen lassen und vor dem Servieren mit Puderzucker bestäuben.

Zubereitungszeit: 40 Minuten / Backzeit: 45 Minuten

Orangenkuchen mit Lavendelstreuseln

FÜR FEIN-SCHMECKER

Zutaten für 1 Springform (26 cm Ø)

Für den Teig:
300 g Mehl
1 TL Backpulver
100 g Butter
250 g Zucker
1 Prise Salz
5 Eier
abgeriebene Schale und Saft von 2 Orangen
150 g Sahne

Für die Streusel:
170 g Mehl
100 g Zucker
1 EL Vanillezucker
100 g weiche Butter
15 g Lavendelblüten

1. Den Backofen auf 160 °C vorheizen.

2. Für den Teig Mehl und Backpulver vermischen. Die Butter in einem kleinen Topf zerlassen, mit Zucker, Salz und Eiern in einer Küchenmaschine cremig rühren. Mehlmischung, Orangenschale samt Saft, sowie Sahne hinzufügen und zu einem glatten Teig verrühren.

3. Den Teig in eine mit Backpapier ausgelegte Springform füllen, glatt streichen und etwa 30 Minuten vorbacken. Die Ofentemperatur danach auf 180 °C schalten.

4. In der Zwischenzeit für die Streusel Mehl, Zucker und Vanillezucker vermischen, weiche Butter und Lavendelblüten hinzufügen und alles mit den Händen zu Streuseln verkneten.

5. Die Streusel auf dem vorgebackenen Kuchen verteilen und im Backofen weitere 25 Minuten fertig backen.

6. Auskühlen lassen, aus der Form lösen und in Stücke geschnitten servieren.

Zubereitungszeit: 40 Minuten / Backzeit: 55 Minuten

Butter-Aprikosenkuchen mit Mohnstreuseln

GUTE-LAUNE-KUCHEN

Zutaten für 1 Backblech (30 cm x 40 cm)

Für den Teig:
80 g Butter, plus etwas mehr zum Einfetten
250 g Mehl, plus etwas mehr zum Bestäuben
2 TL Backpulver
100 g Quark
50 ml Milch
1 Ei
50 g Zucker

Für den Belag:
750 g Aprikosen
1 EL Zitronensaft
500 g Sauerrahm
2 Eier
1 Päckchen Vanille-Puddingpulver
50 g Honig

Mohnsaat, zum Bestreuen

1. Für den Teig die Butter in einem Topf zerlassen. Das Mehl mit dem Backpulver vermischen und mit Quark, Milch, Ei und Zucker in einer Küchenmaschine zu einem glatten Teig verarbeiten. Den Teig auf einer bemehlten Arbeitsfläche ausrollen und ein mit Butter eingefettetes und mit Mehl bestäubtes Backblech damit auslegen. An den Rändern einen etwa 3 cm hohen Rand formen.

2. Für den Belag die Aprikosen waschen, halbieren, entsteinen und mit dem Zitronensaft vermischen. Den Sauerrahm mit Eiern, Vanille-Puddingpulver und Honig glatt rühren.

3. Die Sauerrahmmasse auf dem Teig verstreichen und mit den Aprikosen belegen. Im vorgeheizten Backofen bei 180 °C etwa 45 Minuten backen. Auskühlen lassen, in Stücke schneiden und vor dem Servieren mit Mohn bestreuen.

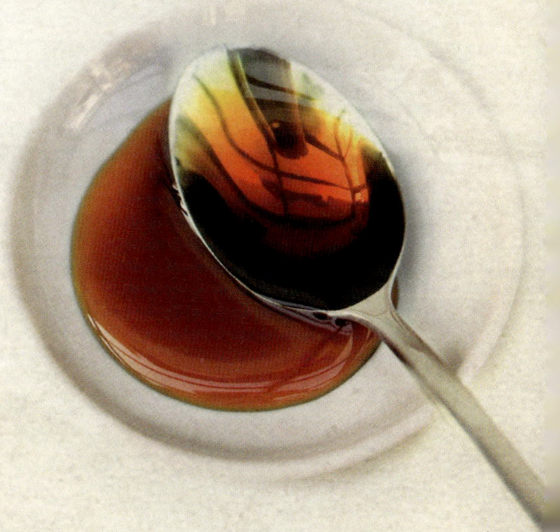

Zubereitungszeit: 40 Minuten / Backzeit: 45 Minuten

Glossar

Backen

Ob Biskuitboden, Hefegebäck oder Mürbeteig – jeder Teig braucht eine andere Backtemperatur. Während Keksteig bei 160 °C gebacken wird, braucht Hefeteig etwa 170 °C. Mürbeteig benötigt 180 °C, und Biskuitteig gelingt bei 200 °C. Die Angaben sind Richtwerte. Sie gelten für Unter- und Oberhitze und können je nach Teigvariation etwas abweichen. Umluft erhöht die Backtemperatur und ist nicht für jeden Teig geeignet. Ideale Höhe im Backofen ist in der Regel die mittlere Einschubschiene. Soufflés brauchen mehr Unterhitze und gelingen deshalb auf unterer Einschubhöhe am besten.

Backformen vorbereiten

Wird die Backform vor dem Einfüllen des Teigs mit etwas Butter eingefettet, lässt sich der fertige Kuchen leichter aus der Form lösen. Bei besonders

feinen Teigen wird die eingefettete Form zusätzlich mit etwas Mehl oder Semmelbröseln ausgeschwenkt. Dazu die Form so lange rütteln bis die gesamte Innenfläche fein überzogen ist. Den Überschuss einfach aus der Form schütteln. Bei gehaltvolleren Teigen sollte die Form mit Backpapier ausgekleidet werden. Bei Springformen empfiehlt es sich, das Bodenblech damit auszulegen, mit dem Ring einzuspannen und die Ringinnenfläche mit Butter einzufetten.

Backpapier

Das beschichtete Papier hat eine fettundurchlässige Oberfläche, trotzt Ofentemperaturen bis 220 °C ohne zu verbrennen und verhindert, dass der fertige Kuchen in der Form oder auf dem Backblech kleben bleibt. Backpapier ist als Rolle zum Zuschneiden oder in Einzelbögen erhältlich.

Backpinsel

Zum gleichmäßigen Einfetten von Backformen oder Bestreichen von Teigen, Kuchen oder Gebäck mit

Kuvertüre oder Gelee sind Backpinsel unersetzlich. Es gibt sie in verschiedenen Größen, aus Silikon oder mit Borsten. Empfehlenswert sind solche mit langen, weichen Naturborsten: Man kann damit besonders sauber und effektiv arbeiten, weil sie – anders als Silikon-Pinsel – keine Rillen machen.

Baiser

Baiser wird auch gerne „Spanischer Wind" genannt und ist ein Schaumgebäck, das nur aus Eischnee und Zucker besteht. Kleine Baisers kann man fertig im Supermarkt oder in der Konditorei kaufen. Sie lassen sich vielseitig für feine Desserts verwenden. Beim Backen harmoniert die Süße einer Baiserschicht auf einem Kuchen sehr gut mit fruchtig-säuerlichem Obst.

Gelatine

Das geschmacksneutrale Bindemittel lässt Cremetorten oder Gelee fest werden. Blattgelatine zunächst 10 Minuten in kaltem Wasser einweichen, dann etwas ausdrücken und in einem Topf bei mittlerer Hitze unter ständigem Rühren auflösen.

Nicht kochen lassen, sonst geht die gelierende Wirkung verloren. Ein paar Esslöffel der zu gelierenden Masse einrühren, dann diese Mischung unter die restliche Masse rühren – so entstehen keine Klümpchen.

Hefe

Frische Hefe ist als Würfel (42 g) in jedem Supermarkt im Kühlregal erhältlich. Sie sieht gelblich grau aus, sollte bröckelig sein und sich leicht feucht anfühlen. Reste einfach einfrieren. Im Tiefkühlfach hält sich Hefe etwa ein Jahr. Hefe besteht aus lebenden Zellen, die sich aus Mehl, Zucker und Milch Nährstoffe holen, um sich zu vermehren. Damit der Teig gleichmäßig aufgehet, braucht Hefe etwas Ruhe und mindestens Zimmertemperatur. Schneller geht sie an einem warmen Ort auf – in Heizungsnähe oder im Backofen. Dafür den Ofen 3 Minuten auf 40 °C vorheizen, ausschalten und den Teig zum Gehen hineinstellen. Aber Vorsicht: Bei Temperaturen über 40 °C sterben die Hefebakterien ab.

Kolatschen

Ihren Ursprung haben sie in der böhmischen Küche. Dort sind sie ein typisches gefülltes Hefegebäck, das zu besonderen Festlichkeiten gebacken wird. Viele Familien haben eigene Hausrezepte, die von Generation zu Generation weitergegeben werden. Je nach Region werden Kolatschen mit unterschiedlichen Füllungen zubereitet – mit Quark, Mohn oder mit Pflaumenmus.

Krokant

Das Wort leitet sich aus dem französischen Begriff für „Knuspergebäck" ab. Krokant ist eine Mischung aus gehackten Nüssen und karamellisiertem Zucker. Meist wird er mit Mandeln zubereitet – schmeckt aber auch mit Hasel- oder Walnüssen sehr aromatisch. Dafür wird erst Zucker in einer Pfanne karamellisiert und dann werden die gehackten Nüsse unter Rühren darin geröstet. Krokant verleiht Desserts, Eiscreme und Gebäck eine nussigherbe Note.

Küchenmaschine

Besonders bei schweren und gehaltvollen Teigen leisten Küchenmaschinen unschätzbare Dienste. Teige, die gut durchgearbeitet oder deren Zutaten gleichmäßig verteilt werden müssen, gelingen ohne große Mühe. Auch Eischnee, der besonders luftig werden soll, gelingt im Handumdrehen.

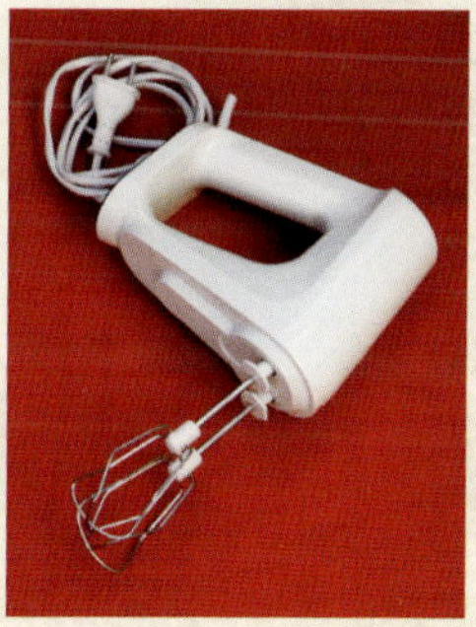

Handrührgerät

Küchenprofis schlagen Eiweiß oder Sahne mit einem Schneebesen auf, weil auf diese Weise mehr Luft eingearbeitet wird. Hobbybäcker nehmen dafür ein elektrisches Handrührgerät mit Rührbesen zur Hilfe. Beim Kneten fester Teige kommen die Knethaken zum Einsatz.

Mohn und Mohnmasse

Der Samen der Mohnpflanze wird gerne beim Backen von Brot, Kuchen oder Gebäck verarbeitet. Mohn hat eine nussige Geschmacksnote und wird meist gemahlen verwendet. Wer sich Mohn als Backzutat auf Vorrat zulegen möchte, sollte ungemahlenen Mohn kaufen – gemahlener Mohn wird schnell ranzig. Zum Backen muss Mohn geschrotet und in Milch gekocht werden, sonst schmeckt er zu herzhaft und hart. Es gibt auch fertige Mohnmasse zu kaufen, die aus feinstem gequetschtem Blaumohn, Zucker, Vanillin und Milchbestandteilen besteht.

Paletten / Winkelpaletten

Sie sind ein nützliches Küchenwerkzeug, um Teige

und Cremes glatt zu streichen. Dafür sind Paletten aus Stahl mit langem, glattem und biegsamem Blatt die erste Wahl. Sie sind auch beim Vermengen von Mürbeteigzutaten, beim Ablösen von ausgerolltem Teig auf der Arbeitsfläche und beim Lösen von fertigen Tortenböden vom Backblech sehr hilfreich.

Schlagschüssel

Sie hat einen gewölbten Boden und einen Stellring, der beim Arbeiten für den nötigen Halt sorgt. Darin lassen sich Baisermassen, Sahne oder Cremes problemlos aufschlagen. Profis halten dabei die Schüssel leicht schräg. Übrigens eignet sie sich auch als Einsatz für ein heißes Wasserbad, um Cremes luftig aufzuschlagen.

Schneebesen

Sie gehören zur Basis-Ausstattung: Schneebesen mit dünnen, elastischen Drähten in Tropfenform und dünnem Stiel sind ideal zum Aufschlagen von Sahne

oder zum Verrühren leichter Flüssigkeiten. Schneebesen mit mittelstarken langen Edelstahlschlingen und dickem Stiel eignen sich besonders gut zum Verrühren halbfester Quark- oder Frischkäsecreme und zum Unterheben von Mehlmischungen und kleineren Zutaten wie Nüssen unter cremige Massen. Ballonbesen nimmt man für besonders schaumige, voluminöse Massen wie Baiser.

Springform

Ihr besonderes Merkmal ist der gerade, abnehmbare Ring. Auf diese Weise muss der fertige Kuchen nicht gestürzt werden. Sie ist ideal für Kuchen, die aus einem Tortenboden und einer Cremefüllung mit und ohne Belag bestehen. Es gibt sie in verschiedenen Größen von 18–32 cm Durchmesser. Die gebräuchlichsten Größen sind 26 cm und 28 cm.

Spritzbeutel

Profis, aber auch immer mehr Hobbyköche, schwören auf Spritzbeutel aus beschichtetem Baumwollgewebe, die sich auskochen lassen. Dazu gibt es auswechselbare Loch- und Sterntüllen aus Metall in diversen Größen. Die Spritzbeutel liegen gut in der Hand und eignen sich perfekt, um flüssige Teige oder feine Glasuren zu verarbeiten.

Tarteform

Französische Tarteformen haben einen gewellten

oder glatten, geraden oder schrägen Rand, der 3–5 cm hoch ist. Es gibt sie in verschiedenen Größen und Formen aus Ofenfestem Porzellan oder aus Blech – mit und ohne Beschichtung. Unbeschichtete Formen am besten mit etwas Butter einfetten und mit Mehl bestäuben.

Tartelettefórmchen

Tartelettes sind kleine Törtchenböden aus Mürbeteig, die süß oder pikant gefüllt werden. Die Förmchen gibt es in verschiedenen Größen, einzeln und im Set zu kaufen. Empfehlenswert sind solche aus Schwarzblech oder mit Antihaftbeschichtung.

Teigschaber

Ein praktischer Küchenhelfer: Dank des biegsamen Blatts aus Kunststoff oder Gummi lässt sich auch der letzte Teig- oder Cremerest aus der Schüssel holen. Auch das Unterheben von Sahne oder Eischnee ist damit leicht gemacht.

Tortenring

Anders als eine Springform hat ein Tortenring keinen Boden, ist etwas höher und meist aus Edelstahl. Tortenringe werden zum Einsetzen von Torten verwendet, die aus mehreren Schichten bestehen. Sie sind in verschiedenen Größen, runden und eckigen Formen erhältlich. Besonders praktisch sind stufenlos verstellbare Ausführungen.

Unterheben

Steifer Eischnee oder geschlagene Sahne machen einen Teig oder eine Creme locker und luftig. Damit der Effekt beim Vermischen der beiden Massen nicht verloren geht, empfiehlt es sich, mit einem Kochlöffel oder Teigschaber die beiden Massen portionsweise unterzuheben, bis sie vermengt sind – ohne dabei zu rühren!

Zestenreißer

Mit dem kleinen Küchenwerkzeug, dessen „Klinge“ vorne mit scharfkantigen Löchern versehen ist, las-

sen sich im Handumdrehen hauchdünne feine Streifen aus der äußeren Schale von Zitronen und Orangen schälen – ohne in die bitterstoffhaltige, weiße Unterschale zu schneiden. Diese Zesten geben Backwaren ein feines Aroma. Dafür immer unbehandelte Früchte verwenden, weil sie nach der Ernte nicht mehr konserviert oder gewachst wurden.